Moi からはじめよう

フィンランド語の手ほどき

石井晴奈・著

Bindeballe

はじめに

『世界一難しい言語』って何だと思いますか？『日本語』と答える人は世界中にいます。漢字、ひらがな、カタカナを覚えなければなりませんし、敬語などややこしい表現もあるからです。

『難しい』と判定する基準は様々ですが、例えば文法を基準にしましょう。そうすると、『世界一難しい』あるいは『とても難しい』言語の一つとして常に名前が挙がるのが、フィンランド語なのです。それは、名詞や動詞の語形変化に様々なルールがあるからです。人名・地名や数字までもが、場合によっては原形がわからないほど形が変わってしまいます。

とはいえ、**せっかくフィンランド語に興味を持ってくださったあなたには、勉強する前からあきらめてほしくないのです！** 確かに文法は難解ですが、発音が日本語に似ているなど、面白い言語でもあります。そこで、なるべく簡単な『手ほどき』を作ろうと思い立ちました。

本書は、フィンランド語に初めて触れる人のために、初級レベルの文法をまとめたものです。言語を学ぶ前に、なじみのない用語ばかりで嫌になってしまう、ということのないよう、**文法用語はできるだけ少なくしました。**また、一般的な会話例を多く取り入れ、単語の入れ替えで幅広い会話ができるように工夫しました。

『世界一難しい』フィンランド語の門を叩いて少しのぞいてみる。そんなつもりでお読みください。そして、言語の魅力や語学の面白さを少しでも感じていただければ幸いです。

本書の使い方

本書で使っている記号を説明します。本文を読む前に目を通しておいてください。

♪000：例文や会話の音声を聞けます。音声は、ビネバル出版のホームページから無料でダウンロードできます（http://www.bindeballe.com/assets/hiroba_cate/download）。音声を聞いて、正確な発音をマスターしましょう。

：文法の重要なポイントとなる部分です。この記号がついたところは、覚えるまで何度も読み返してください。

：『話してみよう』と題した会話例です。日常でよく使うセリフは、まるごと覚えてしまいましょう。

：各章で扱った表現を応用できるよう、単語を追加しました。語尾変化もわかるようになっています。『話してみよう』の文を使って色々な文を作ってみましょう。

：フィンランド語の周辺の話です。本文を読むのに疲れたら、息抜きに読んでみてください。

目　次

1. 発音

発音は、日本語に似ているものが多いので覚えやすいですよ。

1.1. 文字

ほとんどが英語と共通の文字です。29 文字のアルファベット（フィンランド語では aakkoset といいます）がありますが、( ) に入っている文字は外来語にしか出てきません。

♪ 001

文字		読み方	文字		読み方
A	a	aa	O	o	oo
(B	b)	bee	P	p	pee
(C	c)	see	(Q	q)	kuu
D	d	dee	R	r	är
E	e	ee	S	s	äs
(F	f)	äf	T	t	tee
(G	g)	gee	U	u	uu
H	h	hoo	V	v	vee
I	i	ii	(W	w)	kaksois-vee
J	j	jii	(X	x)	äks
K	k	koo	Y	y	yy
L	l	äl	(Z	z)	tset
M	m	äm	(Å	å)	ruotsalainen oo
N	n	än	Ä	ä	ää
			Ö	ö	öö

WとÅの読み方は特徴的に見えますね。W(kaksois-vee)は「2つのV」という意味です。Å（ruotsalainen oo）は「スウェーデンのO」という意味で、スウェーデン語由来の単語に現れます。

1.2. 母音

日本語の母音はア・イ・ウ・エ・オの5つですが、フィンランド語の母音は8つあります。

♪002

a　e　i　o　u　y　ä　ö

a　日本語のアより口を大きめに開けます。
e　日本語のエより口をやや横に広げます。
i　日本語のイより口をやや横に広げます。
o　日本語のオより口先を丸めます。
u　日本語のウより口先を丸めます。
y　これも母音です。ウの口の形でイと言う感覚です。
ä　アメリカ英語にもある、アとエの中間の音です。
ö　オの口の形でエと言う感覚です。

1.3. 子音

( )に入っている音は外来語にしか出てきません。それらを除くと、子音の数は13。日本語より少ないんです。

(b)　d　(f)　(g)　h　j　k　l

m　n　ng　p　r　s　t　v

(w)　(x)　(z)

(b)　日本語のバの子音と同じです。

d　日本語のダの子音と同じです。

(f)　英語のｆの音と同じで、上の歯と下唇を近づけて発音します。

(g)　日本語のガの子音と同じです。

h　日本語のハの子音と同じです。

j　日本語のヤの子音と同じです。jaは“ジャ”ではなく“ヤ”と読みます。

k　日本語のカの子音と同じです。

l　英語のｌの音と同じで、上前歯の後ろに舌をつけて発音します。

m　日本語のマの子音と同じです。

n　日本語のナの子音と同じです。

ng　鼻にかかったガの子音を長めに発音します。

p　日本語のパの子音と同じです。

r　いわゆる巻き舌の音です。舌をふるわせて発音します。

s　日本語のサの子音と同じです。

t　日本語のタの子音と同じです。

v　英語のｖの音と同じで、上の歯と下唇を近づけて発音します。

(w)　ｖの発音と同じです。WC「トイレ」は“ヴェーセー”と読みます。

(x)　ｋとｓを繋げた音として発音します。例えばtaxi「タクシー」は“タクスィ”と読みます。

(z)　日本語のツの子音のように発音します。jazz「ジャズ」は“ヤッツ”と読みます。

どうでしょう。日本語に似た発音がとても多いと思いませんか？母音のä, ö, yと子音のｒをマスターしたら、発音はほぼ完璧にできるのです。しかも、**基本的にローマ字読みすればいい**ので、書いてある通りに読めば、知らない単語でもスラスラ読めてしまいます。

アクセントは、**常に最初の母音を強く発音します。**

♪ 003

例）Súomi「フィンランド」

同じ母音が続けて書かれている場合は、2文字書かれている分だけ母音を伸ばします。短い母音と長い母音の違いをはっきりさせましょう。

♪ 004

例）jo「既に」—joo「はい」

同じ子音が続けて書かれている場合は、日本語の“ッ”と同じ感覚で発音します。母音と同じく、短い子音と長い子音の違いをはっきりさせましょう。ますます日本語に似ている感じがしてきましたね。

♪ 005

例）kuka「誰」— kukka「花」

発音のルールはわかりましたか？それでは、以下の単語を声に出して言ってみましょう。

♪ 006

Suomi「フィンランド」／ Japani「日本」／ kissa「猫」
hotelli「ホテル」／ aamu「朝」／ pää「頭」／ työ「仕事」
metsä「森」／ kengät「靴（複数）」

イントネーション（文の音調）は**基本的に下降調で、疑問文でも上昇調にはなりません。**文の最後は下げて発音しましょう。

♪ 007

例）Asutko Tokiossa? ↘　「あなたは東京に住んでいますか？」

1.4. 母音調和

母音は、発音の特徴から３つのグループに分かれています。基本的には、同じグループ、もしくは隣り合ったグループの母音で単語が作られているのです。このルールを**母音調和**といいます。

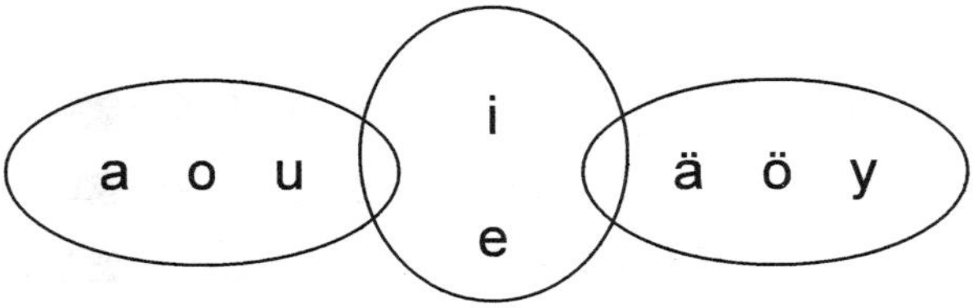

例えば pouta「晴天」、pöytä「テーブル」という単語には、それぞれ同じグループ内の母音が含まれています。

hotelli「ホテル」、metsä「森」、tähti「星」という単語には、隣り合ったグループの母音が含まれています。

aämu, tyoli のような、母音のグループを飛び越えて作られる単語は存在しません。

『既にできあがっている単語のことだから、学習者には関係ないでしょ？』と思わないでください！

フィンランド語は、単語に語尾をつけて変化形を作ることが多い言語です。そういう時は、母音調和に注意しなければなりません。例えば「～で」という意味を表す場合、単語に ssa もしくは ssä という語尾をつけます。どちらを選択するかは、どの母音のグループで単語が作られているかによります。

例）hotelli「ホテル」⇒ 母音 o を含む ⇒ hotellissa「ホテルで」
metsä「森」⇒ 母音 ä を含む ⇒ metsässä「森で」

i と e のみが母音として含まれている単語の場合は、**ä, ö, y のグループ**に合わせます。

例）hissi「エレベーター」⇒ hississä「エレベーターで」

複数の単語を組み合わせて作られた単語には、隣り合っていないグループの母音が混在していることがよくあります。

例）kirja「本」＋ hylly「棚」⇒ kirjahylly「本棚」

では、上の kirjahylly「本棚」に語尾をつける時はどうしたらいいかというと、**後半の要素に含まれている母音**に合わせます。

例）kirjahylly「本棚」⇒ 後半の要素は hylly ⇒ 母音 y を含む
⇒ kirjahyllyssä「本棚で」

以降は、語尾変化などで a または ä になる場合は A、o または ö になる場合は O、u または y になる場合は U と表記することにします。

例）ssa または ssä ⇒ ssA

A
BCDE
HAK

2. あいさつ

2章では、基本的なあいさつを紹介します。フィンランド人に出会ったら使ってみてくださいね。

◆ 出会った時

♪ 008

Hei! / Moi! / Terve!　「やあ！」

他にもいくつかバリエーションがありますが、この3つのどれかを覚えていれば大丈夫。スーパーのレジで、レストランの入口で、店員さんに言ってみてください！

◆ 別れる時

♪ 009

Nähdään. / Hei hei. / Moi moi.　「さようなら。」

Hei hei. / Moi moi. は、出会った時のあいさつを繰り返す形、というのが面白いですね。

◆ 時間に応じたあいさつ

♪ 010

Huomenta. (Hyvää huomenta.)　「おはよう。」
Päivää. (Hyvää päivää.)　「こんにちは。」
Iltaa. (Hyvää iltaa.)　「こんばんは。」
Hyvää yötä.　「おやすみなさい。」

Hyvää huomenta. / Hyvää päivää. / Hyvää iltaa. は丁寧な表現です。「おやすみなさい」の場合、Yötä. という言い方はしません。

◆　感謝を伝える時とその返答

♪ 011

Kiitos. (Kiitos paljon. / Paljon kiitoksia.)　「ありがとう。」
Ei(pä) kestä. / Ole hyvä. (Olkaa hyvä.)　「どういたしまして。」

Kiitos paljon. / Paljon kiitoksia. は、Kiitos. より感謝の度合いが強いニュアンスがあります。話し言葉では Kiitti. という言い方もあります。

Ei(pä) kestä. の pä は、親しみをこめたり言葉の勢いを増すはたらきがあります。相手との関係によって Ei kestä. と Eipä kestä. を使い分けます。Olkaa hyvä. は Ole hyvä. より丁寧な表現です。

◆　謝る時とその返答

♪ 012

Anteeksi.　「ごめんなさい。」
Ei se mitään.　「いいんですよ。」

Anteeksi. は謝る時の他に、レストランで店員さんを呼ぶ時などにも使います。日本語の『すみません』の使い方に似ていますね。

◆ 定番のあいさつ

♪013

Mitä kuuluu? 「お元気ですか？」

Kiitos, hyvää. Entä sinulle? 「元気です。あなたは？」

Kiitos, hyvää. 「元気です。」

Ei erikoista. 「まあまあです。」

◆ 場面に応じたあいさつ

♪014

Hyvää päivänjatkoa! 「良い一日を！」

Hyvää viikonloppua! 「良い週末を！」

Hyvää matkaa! 「良い旅を！」

Hyvää uutta vuotta! 「新年おめでとう！」

Hyvää joulua! 「メリークリスマス！」

Kiitos samoin! 「こちらこそ！」

3. 自己紹介

あいさつをしたら、自己紹介をしてみましょう。名前や出身などの簡単な表現をまとめました。

◆ 名前を言う ♪015

Olen ～ . (Minä olen ～ .) 「私は～です。」

olen は英語の be 動詞のようなものです。詳しい説明は後回しで、まずはこのまま覚えましょう。「私」を意味する minä をつけることもあります。

◆ 国籍を言う

Olen japanilainen. 「私は日本人です。」

「○○人」を意味する単語は、どの国籍であっても lAinen で終わります。英語の場合、Japanese のように頭文字を大文字で書きますが、フィンランド語の場合、文の最初に来ない限りは頭文字も小文字で書きます。

この lAinen の形は、「○○（国名）の」という意味でも使われます（例: japanilainen ruoka「日本料理」）。

◆ 出身を言う

Olen kotoisin Japanista. 「私は日本の出身です。」

出身を言う時は、olen kotoisin という表現と、場所に stA という語尾をつけた単語を使います。

◆ 住んでいるところを言う

Asun Tokiossa.　　　　　「私は東京に住んでいます。」

asun は「私は住んでいる」という意味です（「泊まる、滞在する」という意味でも使われることがあります）。場所には ssA という語尾をつけます。「東京」は Tokio と書き、“トキオ”と読みます。

◆ 話せる言語を言う

Puhun suomea.　　　　　「私はフィンランド語を話します。」

puhun は「私は話す」という意味です。以下のリストで、国名、国籍、言語名を確認しましょう。英語と全く違う単語が多いですね。

主な国名・国籍・言語名

国　名	国　籍	言語（を）
Suomi「フィンランド」	suomalainen	suomea
Ruotsi「スウェーデン」	ruotsalainen	ruotsia
Norja「ノルウェー」	norjalainen	norjaa
Tanska「デンマーク」	tanskalainen	tanskaa
Venäjä「ロシア」	venäläinen	venäjää
Viro「エストニア」	virolainen	viroa
Englanti「イギリス」	englantilainen	englantia
Saksa「ドイツ」	saksalainen	saksaa
Ranska「フランス」	ranskalainen	ranskaa
Amerikka「アメリカ」	amerikkalainen	englantia
Kiina「中国」	kiinalainen	kiinaa
Japani「日本」	japanilainen	japania

話してみよう

♪ 016

Hanna:	Päivää!	「こんにちは！」
Tommi:	Päivää!	「こんにちは！」
Hanna:	Olen Hanna. Olen kotoisin Espoosta.	「私はハンナ。 エスポー出身です。」
Tommi:	Olen Tommi. Olen kotoisin Naantalista.	「僕はトンミ。 ナーンタリ出身です。」
Hanna:	Hauska tavata!	「はじめまして！」
Tommi:	Hauska tavata!	「はじめまして！」

Hanna：ハンナ（女性の名前）／ Tommi：トンミ（男性の名前）
Espoosta (< Espoo)：エスポー（首都ヘルシンキに近い都市）
Naantalista (< Naantali)：ナーンタリ（フィンランド南西部の都市、ムーミンワールドがある）
hauska tavata：はじめまして（会えて嬉しいです）

話し手や聞き手といった立場の区別を人称といい、人称を表す単語を人称代名詞といいます。基本的に、話し手は１人称、聞き手は２人称、話し手・聞き手以外の第三者は３人称です。

３つの人称と数（単数・複数）を基準とした以下の６種類が人称代名詞です。

[人称代名詞] ♪ 017

人称＼数	単　数	複　数
１人称	minä 私	me 私たち
２人称	sinä あなた	te あなたたち
３人称	hän 彼／彼女	he 彼ら

英語で第三者を表す「彼」は he、「彼女」は she ですが、フィンランド語では**「彼」も「彼女」も hän という同じ単語を使います。**うっかりすると、男性か女性かわからない、あるいは性別を勘違いしてしまうことも！『フィンランド語は性差別のない言語だ』と言われることもあります。

先ほどの自己紹介で「私は～です」は Olen ～. と言いましたが、この olen は動詞 olla「ある、いる」の変化形です。**全ての動詞は、主語の人称と数によって形が変わります。**人称代名詞が主語の場合、1 人称と 2 人称の主語は省略されることが多いです。3 人称の主語は基本的に省略しません。

[動詞 olla「ある、いる」の現在形] ♪ 018

人称＼数	単数	複数
1 人称	(minä) ole**n** 私はいる	(me) ole**mme** 私たちはいる
2 人称	(sinä) ole**t** あなたはいる	(te) ole**tte** あなたたちはいる
3 人称	hän on 彼／彼女はいる	he o**vat** 彼らはいる

動詞の変化形は英語より種類が多くて難しく見えますが、太字になっている語尾（3 人称単数形以外）は全ての動詞で共通なので、効率よく覚えられますよ。

4. 疑問文

4章では、「はい」か「いいえ」で答えられる疑問文について見ていきます。疑問文を作る時のポイントは・・・

動詞の後ろに kO をつけて文の最初に持ってくる！

♪ 019

(Sinä) olet japanilainen. 「あなたは日本人です。」

Olet**ko** (sinä) japanilainen? 「あなたは日本人ですか？」

Hän on suomalainen. 「彼／彼女はフィンランド人です。」

On**ko** hän suomalainen? 「彼／彼女はフィンランド人ですか？」

(Te) olette kotoisin Tokiosta. 「あなたたちは東京出身です。」

Olette**ko** (te) kotoisin Tokiosta? 「あなたたちは東京出身ですか？」

He ovat kotoisin Tokiosta. 「彼らは東京出身です。」

Ovat**ko** he kotoisin Tokiosta? 「彼らは東京出身ですか？」

例）Oletko japanilainen? 「あなたは日本人ですか？」
　— Kyllä. (Olen.) / Ei. 「はい。／いいえ。」

「はい」に当たる単語は kyllä や joo があります。しかしネイティブがよく使うのは、質問に出てきた動詞を繰り返すという方法です。前ページの例では Oletko ～？ と、動詞 olla を使って質問されているので、返事は olla を 1 人称単数の形にした Olen. なのです。

練習問題 1　**フィンランド語は日本語に、日本語はフィンランド語にしましょう。**

（1）Oletko suomalainen?

（2）Onko Hanako kotoisin Yokohamasta?

（3）あなたは日本人ですか？

（4）彼女は東京出身ですか？

フィンランド語の仲間

言語の歴史的な系統関係で見ると、フィンランド語はウラル語族というグループに属し、英語やフランス語などとは先祖となる言語が異なります（英語やフランス語は、インド・ヨーロッパ語族というグループに属しています）。

ウラル語族の中でも、フィンランド語と単語や文法が似ている主な言語はエストニア語です。ハンガリー語もウラル語族の仲間ですが、遠い親戚のようなもので、単語や文法はあまり似ていません。同じくウラル語族のサーミ語（北欧の先住民族サーミ人の言葉）には、フィンランド語と似たような単語や文法があります。

5. 動詞のタイプと現在形

5章では、日常の色々な動作を言えるようになるために、動詞の基本をおさえましょう。

動詞の現在形は、現在行っている動作の他に、普段行っている習慣、未来に行う動作も表すことができます。自分に身近なことから言えるように練習してみましょう。

5.1. 動詞のタイプ

動詞は、原形（辞書の見出し語の形）がどの音で終わるかによって6つのタイプに分かれます。それぞれのタイプで人称・数に応じた語尾のつけ方が違います。『ルールを覚えるのが大変！』と思うかも知れませんが、音の入れ替えに少しずつ慣れていってください。1人称単数・2人称単数の形から覚えていきましょう。そうすれば最低限の会話はできます！それでは6つのタイプを説明しますね。

①原形の最後が2つの母音

例）as**ua**「住む」, kys**yä**「質問する」, matkust**aa**「旅行する」

①は最も多い動詞のタイプです。

②原形の最後が **dA**

例）juo**da**「飲む」, syö**dä**「食べる」, saa**da**「得る」

③原形の最後が **lA / nA / rA / stA**

例）tul**la**「来る」, men**nä**「行く」, pur**ra**「噛む」, nou**sta**「上がる」

③は色々な種類がありますね。rA で終わるタイプの動詞はあまり多くありません。

④原形の最後が **AtA / UtA / OtA**

例）her**ätä**「目覚める」, hal**uta**「望む」, siiv**ota**「掃除する」

③と同じく、④も複数の種類があります。

⑤原形の最後が **itA**

例）tarv**ita**「必要とする」, häir**itä**「邪魔をする」

⑥原形の最後が **etA**

例）vanh**eta**「年を取る」, kylm**etä**「冷える」

⑥は日常で見かけることの少ないタイプです。本書では、①～⑤のタイプの動詞を扱います。

練習問題 2　以下の動詞をタイプ①～⑤に分けましょう。

（1）katsoa「見る」
（2）tilata「注文する」
（3）voida「できる」
（4）pelata「遊ぶ」
（5）pestä「洗う」
（6）kopioida「コピーする」
（7）ajaa「運転する」
（8）myydä「売る」
（9）ansaita「稼ぐ」
（10）kävellä「歩く」

5.2. タイプ①の動詞（原形の最後が 2 つの母音）

では、実際に現在形を作ってみましょう。

タイプ①：最後の A を削ってから語尾をつける！

例）asua「住む」

asu~~a~~ ⇒ asu ＋ n ⇒ asun 「私は住む」

♪ 020

Asun Tokiossa.　「私は東京に住んでいます。」

Asutko Tokiossa?　「あなたは東京に住んでいますか？」

３章にあった［動詞 olla「ある、いる」の現在形］の語尾を使い、人称・数によって形を変えます。他のタイプの動詞でも、３人称単数形以外の形の語尾は共通しています。

［動詞 asua「住む」の現在形］

♪ 021

人称＼数	単数	複数
1 人称	(minä) asu**n** 私は住む	(me) asu**mme** 私たちは住む
2 人称	(sinä) asu**t** あなたは住む	(te) asu**tte** あなたたちは住む
3 人称	hän asuu 彼／彼女は住む	he asu**vat** 彼らは住む

３人称単数形は、**語尾をつける前の最後の母音を繰り返します。**

練習問題 3 **以下の表現を使って、「私は～します」、「あなたは～しますか？」、「彼／彼女は～します」という文を作りましょう。**

（1）puhua suomea「フィンランド語を話す」

（2）katsoa televisiota「テレビを見る」

（3）ostaa maitoa「牛乳を買う」

（4）kysyä Sannalta「サンナに質問する」

（5）matkustaa Suomeen「フィンランドに旅行する」

話してみよう

♪ 022

Tommi: Missä sinä asut? 「君はどこに住んでいるの？」

Hanna: Asun Espoossa.
Entä sinä? 「エスポーに住んでいるの。
あなたは？」

Tommi: Porvoossa. 「ポルヴォーだよ。」

＊＊＊＊＊＊

Hanna: Mitä kieltä puhut? 「あなたは何語を話すの？」

Tommi: Puhun suomea ja ruotsia.
「フィンランド語とスウェーデン語を話すよ。」

missä：どこに ／ entä：それで
Porvoossa (< Porvoo)：ポルヴォー（フィンランド南海岸の都市）
mitä (< mikä)：何を ／ kieltä (< kieli)：言語を ／ ja：そして

5.3. タイプ②の動詞（原形の最後が dA）

タイプ②：最後の dA を削ってから語尾をつける！

例）juoda「飲む」

juoda ⇒ juo ＋ n ⇒ juon　「私は飲む」

♪ 023

Juon kahvia.　「私はコーヒーを飲みます。」

Juotko kahvia?　「あなたはコーヒーを飲みますか？」

[動詞 juoda「飲む」の現在形]

♪ 024

人称＼数	単　数	複　数
1 人称	(minä) juo**n** 私は飲む	(me) juo**mme** 私たちは飲む
2 人称	(sinä) juo**t** あなたは飲む	(te) juo**tte** あなたたちは飲む
3 人称	hän juo 彼／彼女は飲む	he juo**vat** 彼らは飲む

3 人称単数形は、**dA を削った形で、語尾はつけません。**

タイプ②には、不規則な変化をする動詞が 2 つあります。nähdä「会う」と tehdä「する」です。次ページのように変化するので注意しましょう。3 人称で k の音が現れるのも特徴的ですね。

[動詞 nähdä「会う」の現在形]

♪ 025

人称＼数	単数	複数
1 人称	(minä) näen 私は会う	(me) näemme 私たちは会う
2 人称	(sinä) näet あなたは会う	(te) näette あなたたちは会う
3 人称	hän nä**k**ee 彼／彼女は会う	he nä**k**evät 彼らは会う

[動詞 tehdä「する」の現在形]

人称＼数	単数	複数
1 人称	(minä) teen 私はする	(me) teemme 私たちはする
2 人称	(sinä) teet あなたはする	(te) teette あなたたちはする
3 人称	hän te**k**ee 彼／彼女はする	he te**k**evät 彼らはする

練習問題 4 **以下の表現を使って、「私は～します」、「あなたは～しますか？」、「彼／彼女は～します」という文を作りましょう。**

（1）juoda teetä「紅茶を飲む」

（2）syödä leipää「パンを食べる」

（3）voida auttaa「手伝うことができる」

（4）käydä postissa「郵便局に行ってくる」

（5）uida järvessä「湖で泳ぐ」

話してみよう

♪ 026

Tommi: Mitä sinä juot? 「君は何を飲む？」

Hanna: Juon kaakaota. 「ココアを飲むわ。」

＊＊＊＊＊＊

Hanna : Missä syömme lounasta?「私たち、どこでお昼を食べる？」

Tommi : Ravintolassa. Sopiiko? 「レストランで。いいかな？」

Hanna : Sopii. No niin, mennään!
「いいわよ。それじゃ、行きましょう！」

kaakaota (< kaakao)：ココアを ／ lounasta (< lounas)：昼食を ／ ravintolassa (< ravintola)：レストランで ／ sopiiko：いいですか ／ sopii：いいですよ ／ no niin：それでは ／ mennään：行きましょう

前ページ『話してみよう』の下線部と、以下の単語を使って色々な文を言ってみましょう。単語は、( ) 内の語尾をつけて使ってください（*は大きく変化する単語です）。

飲食に関係する単語

≪飲み物・食べ物≫

kahvi(a)「コーヒー」／tee(tä)「紅茶」
vihreä(ä) tee(tä)「緑茶」／olut(ta)「ビール」
viini(ä)「ワイン」／*vesi (vettä)「水」／maito(a)「牛乳」
omenamehu(a)「リンゴジュース」

leipä(ä)「パン」／juusto(a)「チーズ」
lohikeitto(a)「サーモンスープ」／salaatti(a)「サラダ」
voileipä(ä)「オープンサンド」／pihvi(ä)「ステーキ」
*suomalainen (suomalaista) ruoka(a)「フィンランド料理」
kakku(a)「ケーキ」／jäätelö(ä)「アイスクリーム」

≪場所≫

kahvila(ssa)「カフェ」／ravintola(ssa)「レストラン」
hotelli(ssa)「ホテル」／kauppahalli(ssa)「マーケットホール」

5.4. タイプ③の動詞（原形の最後が lA/nA/rA/stA）

タイプ③：最後の２文字を削り、e を足して語尾をつける！

例）tulla「来る」

tulla ⇒ tul ＋ e ⇒ tule ＋ n ⇒ tulen

「私は来る」

♪ 027

Tulen huomenna.　「私は明日来ます。」

Tuletko huomenna?　「あなたは明日来ますか？」

[動詞 tulla「来る」の現在形]

♪ 028

数／人称	単数	複数
1 人称	(minä) tule**n** 私は来る	(me) tule**mme** 私たちは来る
2 人称	(sinä) tule**t** あなたは来る	(te) tule**tte** あなたたちは来る
3 人称	hän tulee 彼／彼女は来る	he tule**vat** 彼らは来る

３人称単数形は、**語尾をつける前の最後の母音 e を繰り返します。**

タイプ②と同じく、タイプ③にも不規則な変化をする動詞が２つあります。それは、olla「ある、いる」と juosta「走る」です。

olla（3 章を参照）は、3 人称の hän on / he ovat が不規則形です。タイプ③なら hän olee / he olevat となるはずだからです。

juosta は、ルール通りならば (minä) juosen / (sinä) juoset・・・となるはずですが、以下のように k の音が現れます。

[動詞 juosta「走る」の現在形] ♪ 029

人称＼数	単数	複数
1 人称	(minä) juo**k**sen 私は走る	(me) juo**k**semme 私たちは走る
2 人称	(sinä) juo**k**set あなたは走る	(te) juo**k**sette あなたたちは走る
3 人称	hän juo**k**see 彼／彼女は走る	he juo**k**sevat 彼らは走る

練習問題 5　以下の表現を使って、「私は～します」、「あなたは～しますか？」、「彼／彼女は～します」という文を作りましょう。

（1）opiskella suomea「フィンランド語を勉強する」

（2）mennä ostoksille「買い物に行く」

（3）nousta junaan「電車に乗る」

（4）päästä työstä「仕事を終える」

（5）kävellä puistossa「公園を歩く」

話してみよう

♪ 030

Hanna : Mitä sinä opiskelet?　「何を勉強しているの？」

Tommi : Opiskelen espanjaa.　「スペイン語を勉強しているよ。」

＊＊＊＊＊＊

Tommi : Mitä teet tänään?　「今日は何をするの？」

Hanna : Menen ostoksille.　「買い物に行くの。」

espanjaa (＜ espanja)：スペイン語を
teet (＜ tehdä)：あなたはする ／ tänään：今日
ostoksille (＜ ostos)：買い物に

5.5. タイプ④の動詞（原形の最後が AtA/UtA/OtA）

タイプ④：最後の２文字を削り、Aを足して語尾をつける！

例）haluta「望む」

haluta ⇒ halu ＋ a ⇒ halua ＋ n ⇒ haluan 「私は望む」

♪ 031

Haluan kahvia. 「私はコーヒーが欲しいです。」

Haluatko kahvia? 「あなたはコーヒーが欲しいですか？」

[動詞 haluta「望む」の現在形] ♪ 032

人称＼数	単　数	複　数
1人称	(minä) halua**n** 私は望む	(me) halua**mme** 私たちは望む
2人称	(sinä) halua**t** あなたは望む	(te) halua**tte** あなたたちは望む
3人称	hän haluaa 彼／彼女は望む	he halua**vat** 彼らは望む

３人称単数形は、**語尾をつける前の最後の母音 A を繰り返します。** ただし、**原形が AtA で終わる動詞の場合は、母音 A を繰り返しません。** 同じ母音が３つ続くのを避けるためです。

例）pelata「遊ぶ」⇒ hän pelaa「彼／彼女は遊ぶ」

（× hän pelaaa）

練習問題 6 **以下の表現を使って、「私は～します」、「あなたは～しますか？」、「彼／彼女は～します」という文を作りましょう。**

（1）pelata tennistä「テニスをする」

（2）siivota heti「すぐに掃除をする」

（3）tilata pihviä「ステーキを注文する」

（4）herätä aikaisin「早く目覚める」

（5）osata suomea「フィンランド語ができる」

話してみよう

♪ 033

Tommi:	Pelaatko tennistä?	「君はテニスをする？」
Hanna:	Pelaan. Entä sinä? Mitä pelaat?	「うん。あなたは？ 何をするの？」
Tommi:	Pelaan jalkapalloa.	「僕はサッカーをするよ。」

tennistä (< tennis)：テニスを
jalkapalloa (< jalkapallo)：サッカーを

『話してみよう』の下線部と、次ページの単語を使って色々な文を言ってみましょう。単語は、() 内の語尾をつけて使ってください。

スポーツ・ゲームに関係する単語

tennis(tä)「テニス」／ pöytätennis(tä)「卓球」
jalkapallo(a)「サッカー」／ lentopallo(a)「バレーボール」
koripallo(a)「バスケットボール」／ golf(ia)「ゴルフ」
pesäpallo(a)「フィンランド式野球」
jääkiekko(a)「アイスホッケー」／ kortti(a)「カードゲーム」
shakki(a)「チェス」／ verkkopeli(ä)「ネットゲーム」

フィンランド式野球

pesäpallo「フィンランド式野球」は、日本やアメリカなどで行われている野球とはルールがかなり違います。ピッチャーはバッターのすぐそばにいます。ピッチャーはボールを垂直に高く放り投げ、それをバッターが打ちます。他にも、走る方向が違ったり、ファウル判定のシステムなどが異なります。

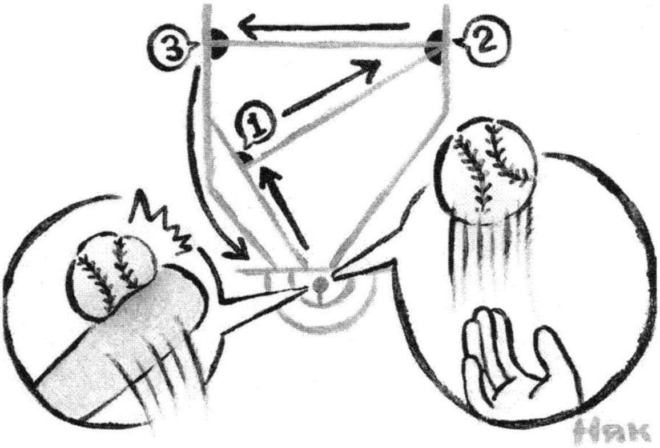

5.6. タイプ⑤の動詞（原形の最後が itA）

タイプ⑤：**最後の２文字を削り、tse を足して語尾をつける！**

例）tarvita「必要とする」

tarvita ⇒ tarvi ＋ tse ⇒ tarvitse ＋ n ⇒ tarvitsen

「私は必要とする」

♪ 034

Tarvitsen aikaa.　「私には時間が必要です。」

Tarvitsetko aikaa?　「あなたには時間が必要ですか？」

[動詞 tarvita「必要とする」の現在形]

♪ 035

人称＼数	単　数	複　数
１人称	(minä) tarvitse**n** 私は必要とする	(me) tarvitse**mme** 私たちは必要とする
２人称	(sinä) tarvitse**t** あなたは必要とする	(te) tarvitse**tte** あなたたちは必要とする
３人称	hän tarvitsee 彼／彼女は必要とする	he tarvitse**vat** 彼らは必要とする

３人称単数形は、**語尾をつける前の最後の母音 e を繰り返します。** タイプ③と一緒ですね。

練習問題 7 **以下の表現を使って、「私は～します」、「あなたは～しますか？」、「彼／彼女は～します」という文を作りましょう。**

（1）tarvita apua　「助けを必要とする」

（2）häiritä muita　「他の人の邪魔をする」

（3）harkita tarkkaan　「しっかりと考える」

話してみよう

♪ 036

Hanna: Hei, tarvitsen apua.「ねえ、助けてほしいんだけど。
Miten sanotaan “kiitos” ruotsiksi?
「ありがとう」ってスウェーデン語で何て言うの？」

Tommi: *”Tack”*.　「*”Tack”* だよ。」

Hanna: Kiitos. Anteeksi, häiritsenkö sinua?　「ありがとう。ごめんなさい、私あなたの邪魔をしてる？」

Tommi: Ei, et lainkaan.　「いや、全然。」

apua (< apu)：助けを ／ miten：どのように
sanotaan：言われる ／ ruotsiksi (< ruotsi)：スウェーデン語で
sinua (< sinä)：あなたを ／ et：あなたは～ない（10 章を参照）
lainkaan：少しも～でない

6. 場所の表現

6章では、5章で学んだ動詞を使って、「〜の中から」、「〜の上で」といった場所の表現ができるようになりましょう。

3章の自己紹介で、以下のような文がありましたね。

例）Asun Tokio**ssa**.　　　　　「私は東京に住んでいます。」
　　Olen kotoisin Japani**sta**.　　「私は日本の出身です。」

3章では詳しい文法説明をしませんでしたが、場所を表す単語にくっついている語尾には意味があったのです。上の例で、ssa は「〜の中で」、sta は「〜の中から」という意味です。

フィンランド語は、『中』と『外』に厳格な言語です。**中へ出入りできる場所を表す名詞につける語尾と、通常は中へ出入りできない場所を表す名詞につける語尾が違います**。例えば・・・

例）中へ出入りできる：郵便局、博物館、川など
　　中へ出入りできない：広場、橋、道路など

中へ出入りできる場所を表す名詞につける語尾は**内部格**、中へ出入りできない場所を表す名詞につける語尾は**外部格**といいます。見慣れない文法用語ですね。でも『中』と『外』の区別をつけるために使わせてください。内部格、外部格それぞれ3種類ずつ、計6種類の語尾があります。

[場所の表現に使う語尾]

	で	から	へ
内部格	ssA	stA	母音＋ n h ＋母音＋ n seen
外部格	llA	ltA	lle

日本語で「お店の中から」、「橋の上で」などと言うのに似ていますね。イメージはこんな感じです。

♪ 037

Kissa on kori**ssa**.
「猫がかごの**中に**いる。」

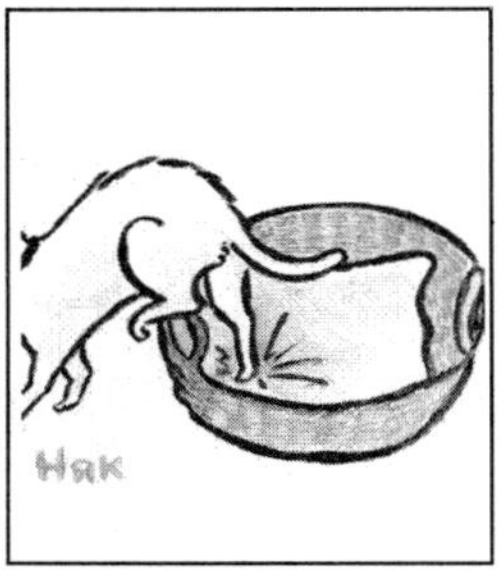

Kissa tulee kori**sta**.
「猫がかごの**中から**来る。」

Kissa menee kor**iin**.
「猫がかごの**中へ**行く。」

Kissa on tuoli**lla**.
「猫がイスの**上に**いる。」

Kissa tulee tuoli**lta**.
「猫がイスの**上から**来る。」

Kissa menee tuoli**lle**.
「猫がイスの**上へ**行く。」

『中』と『外』の区別はちょっとややこしいこともあります。例えば、asema「駅」には外部格を使います。プラットフォームにいても、駅舎の中にいても同じ形です。

♪ 038

例）Olen asema**lla**.　　　　　　「私は駅にいます。」

asemaの前に別の単語がくっついてできた単語にも、外部格を使います。以下の例で、poliisiasema「警察署」はpoliisi「警察」とasemaからできた単語です。

例）Olen poliisiasema**lla**.　　　　「私は警察署にいます。」

6章の始めにあった例のように、国名や地名には基本的に内部格を使います。しかし国名のうち、**ロシア**だけは外部格がつきます。**フィンランドの一部の地名**にも外部格がつきます。

例）Venäjä「ロシア」⇒ Venäjä**llä**「ロシアで」
Rovaniemi「ロヴァニエミ」⇒ Rovanieme**llä**[1]「ロヴァニエミで」
Tampere「タンペレ」⇒ Tamperee**lta**[2]「タンペレから」
Vantaa「ヴァンター」⇒ Vantaa**lle**「ヴァンターへ」

1) Rovaniemiのように、子音＋iで終わる単語は、iをeに変えてから語尾をつけます。ただし外来語はiをそのままにして語尾をつけます。

2) Tampereのように、子音＋eで終わる単語は、eをもう1つくっつけてから語尾をつけます。

内部格「へ」の語尾は、単語の最後の音によって以下の３つのパターンがあります。

<u>最後の母音＋ｎをつける！</u>

例）kahvila「カフェ」⇒ kahvila**<u>an</u>**「カフェへ」
koulu「学校」⇒ koulu**<u>un</u>**「学校へ」
museo「博物館」⇒ museo**<u>on</u>**「博物館へ」

２つの母音で終わり、それ以外に母音が含まれていない単語：<u>ｈ＋最後の母音＋ｎをつける！</u>（外来語は除く）

例）maa「国」⇒ maa**<u>han</u>**「国へ」
työ「仕事」⇒ työ**<u>hön</u>**「仕事へ」

子音＋ｅで終わる単語、あるいは２つの同じ母音で終わり、それ以外にも母音が含まれている単語：<u>seen をつける！</u>

例）huone「部屋」⇒ huonee**<u>seen</u>**[1)]「部屋へ」
Lontoo「ロンドン」⇒ Lontoo**<u>seen</u>**「ロンドンへ」

1) huone のように、子音＋ｅで終わる単語は、ｅをもう１つくっつけてから語尾をつけます。

複雑なルールですね。日常でよく使う単語の変化から、少しずつ慣れていきましょう。

子音で終わる単語の場合は、形を少し変えてから語尾をつけます。そのルールもたくさんあります（本書では触れません）。

名詞を修飾する（様子や状態を説明する）単語がある場合、その単語にも語尾をつけるルールがあります。忘れがちなので気をつけましょう。

例）iso talo「大きな建物」⇒ iso**ssa** talo**ssa**「大きな建物の中で」
tuo talo「あの建物」⇒ tuo**hon** talo**on**「あの建物の中へ」

「行く」という動作は、**mennä**「行く」か **käydä**「行ってくる」で表せます。似た意味の動詞ですが、場所を表す名詞につく語尾が違います。

♪ 039

例）**Menen** kirjasto**on**.　「私は図書館へ行きます。」
Käyn kirjasto**ssa**.　「私は図書館へ行ってきます。」

mennä を使う時は内部格（外部格）「へ」を表す語尾をつけます。しかし、**käydä を使う時は内部格（外部格）「で」**を表す語尾をつけます。間違えないでくださいね。

käydä は、どこかへ行って戻ってくるという意味を表します。

例）Käyn vessassa.　「私はトイレへ行ってきます。」
Käyn kylvyssä.　「私はお風呂に入ってきます。」
Käytkö Kiotossa?　「あなたは京都へ行ってくるの？」

一方、**mennä** は単に「行く」という動作のみを表します。トイレやお風呂、旅行に行ってくることを伝えたいなら、**käydä** を使いましょう。

練習問題 8 **訳と［ ］内の原形を参考にして、空欄に適切な形を入れましょう。**

(1) 私はドイツに住んでいます。［Saksa］

Asun ______________ .

(2) あなたはスウェーデン出身ですか？ ［Ruotsi］

Oletko kotoisin ______________ ?

(3) 私たちはヘルシンキへ行きます。［Helsinki］

Menemme ______________ .

(4) あなたたちはマーケット広場にいるのですか？ ［kauppatori］

Oletteko ______________ ?

(5) ユッタは駅から歩きます。［asema］

Jutta kävelee ______________ .

(6) ニコは庭へ行きます。［piha］

Niko menee ______________ .

(7) 私は喫茶店から図書館へ行きます。［kahvila / kirjasto］

Menen ______________________________ .

(8) 私は郵便局へ行ってきます。[posti]

Käyn ________________ .

(9) アニヤはロシアへ行ってきます。[Venäjä]

Anja käy ________________ .

(10) 彼らは古いレストランで食事をしています。[vanha / ravintola]

He syövät ______________________________ .

☺ 話してみよう

♪ 040

Hanna: Mihin menet? 「どこへ行くの？」

Tommi: Menen postiin. 「郵便局へ行くんだ。」

＊＊＊＊＊＊

Hanna: Missä Anna on? 「アンナはどこにいるの？」

Tommi: Hän on kampaamossa. 「彼女は美容院にいるよ。」

＊＊＊＊＊＊

Tommi: Mistä Aki tulee? 「アキはどこから来るの？」

Hanna: Hän tulee kauppatorilta. 「彼はマーケット広場から来るわ。」

mihin：どこへ ／ postiin (< posti)：郵便局へ
Anna：アンナ（女性の名前）
kampaamossa (< kampaamo)：美容院に ／ mistä：どこから
Aki：アキ（男性の名前）
kauppatorilta (< kauppatori)：マーケット広場から

前ページ『話してみよう』の下線部と、以下の単語を使って色々な文を言ってみましょう。単語は、() 内の語尾をつけて使ってください。

場所に関係する単語（語形変化は「で / から / へ」の順）

posti「郵便局」（postissa / postista / postiin）
kampaamo「美容院」（kampaamossa / kampaamosta / kampaamoon）
bussiasema「バスターミナル」（bussiasemalla / bussiasemalta / bussiasemalle）
kauppatori「マーケット広場」（kauppatorilla / kauppatorilta / kauppatorille）
kirjasto「図書館」（kirjastossa / kirjastosta / kirjastoon）
teatteri「劇場」（teatterissa / teatterista / teatteriin）
taidemuseo「美術館」（taidemuseossa / taidemuseosta / taidemuseoon）
koulu「学校」（koulussa / koulusta / kouluun）
yliopisto「大学」（yliopistossa / yliopistosta / yliopistoon）
puisto「公園」（puistossa / puistosta / puistoon）
satama「港」（satamassa / satamasta / satamaan）
kahvila「カフェ」（kahvilassa / kahvilasta / kahvilaan）
baari「バー」（baarissa / baarista / baariin）
ravintola「レストラン」（ravintolassa / ravintolasta / ravintolaan）
hotelli「ホテル」（hotellissa / hotellista / hotelliin）

7. ものの数え方

7章では、数字やものの数え方を見ていきます。英語の数字と全く違うので、最初は覚えるのが大変かも知れません。しかし、1～10さえ覚えてしまえば、11以上の数字のしくみは簡単なのです。1～10の数字を使って、ものを数える練習もしましょう。11以上の数字については、7章の最後にまとめます。

[数字（1～10)]

♪ 041

1 yksi　2 kaksi　3 kolme　4 neljä
5 viisi　6 kuusi　7 seitsemän
8 kahdeksan　9 yhdeksän　10 kymmenen

数字がついた名詞は全て単数形です。英語とは違いますね。ただし、**1以外の数字がついた名詞には、A / tA / ttA のいずれかの語尾がつきます。**

☞ e以外の1つの母音で終わる単語：A をつける！

例）yksi kirja「1冊の本」⇒ kaksi kirja**a**「2冊の本」

☞ 子音あるいは2つの母音で終わる単語：tA をつける！

例）yksi mies「1人の男性」⇒ kaksi mies**tä**「2人の男性」
yksi radio「1台のラジオ」⇒ kaksi radio**ta**「2台のラジオ」

ただし、**iA** で終わる単語には A をつけます。**eA** で終わる単語は A と tA の両方とも使われますが、A の方が多く見られます。

例）yksi galleria「1 つの画廊」⇒ kaksi gallerai**a**「2 つの画廊」

yksi makea omena「1 つの甘いリンゴ」
⇒ kaksi makea**a** / makea**ta** omenaa「2 つの甘いリンゴ」

子音＋ e で終わる単語：ttA をつける！

例）yksi huone「1 つの部屋」⇒ kaksi huone**tta**「2 つの部屋」

複数形は、『たくさんの本』や『2 つのカバンの中に』などの表現に使われますが、その変化は非常に複雑です。本書では触れません。

練習問題 9　**［　］内の名詞を変化させて、日本語をフィンランド語にしましょう。**

（1）3 つのトマト［tomaatti］
（2）5 つの鍵［avain］
（3）4 本のペン［kynä］
（4）2 台のパソコン［tietokone］
（5）7 台の電話［puhelin］
（6）10 枚の紙［paperi］
（7）2 つの道［tie］
（8）6 つの国［maa］
（9）8 つの時計［kello］
（10）9 通の手紙［kirje］

話してみよう

♪ 042

Hanna: Hei! 「こんにちは！」

Myyjä: Hei! Mitä saa olla? 「こんにちは！ご注文は？」

Hanna: Saanko kolme appelsiinia? 「オレンジを３つください。」

Myyjä: Selvä. Tuleeko muuta? 「かしこまりました。他に何か？」

Hanna: Ei muuta, kiitos. 「いいえ、結構です。」

Myyjä: Kaksi euroa, kiitos. 「2 ユーロです。」

myyjä：店員 ／ mitä saa olla：何にしますか
saanko：～をください ／ appelsiinia (< appelsiini)：オレンジを
selvä：了解 ／ tuleeko muuta：他に何か（注文は）ありますか
muuta (< muu)：他の ／ euroa (< euro)：ユーロ

「1 つの～をください」と言う場合は n という語尾がつきます。1 の数字も形が変わりますが、数字はつけなくても大丈夫です。

例）omena「（1 つの）リンゴ」⇒ omenan「（1 つの）リンゴを」

それでは最後に、11 以上の数字についてまとめます。

11 ～ 19 は 1 ～ 9 の数字＋ toista で表します。1 の位が先ですよ。

♪ 043

11　yksitoista　　12　kaksitoista　　13　kolmetoista

14　neljätoista　　15　viisitoista　　16　kuusitoista

17　seitsemäntoista　　18　kahdeksantoista

19　yhdeksäntoista

20 は 2（kaksi）＋ kymmentä で表します。kymmentä は kymmenen「10」の変化形です。20 以降の 10 の位も同様に表します。

20　kaksikymmentä ／ 30　kolmekymmentä ／

40　neljäkymmentä ／ 50　viisikymmentä

21 は 20（kaksikymmentä）＋ 1（yksi）です。日本語と同じしくみですね。22 以上も同様に表します。書く場合は 1 語につなげるので、とても長くなります。

21　kaksikymmentäyksi ／ 35　kolmekymmentäviisi ／

99　yhdeksänkymmentäyhdeksän

100 は sata です。200 からは、sata は sataa に変化します。

100　sata ／ 101　satayksi ／ 200　kaksisataa ／

999　yhdeksänsataayhdeksänkymmentäyhdeksän

1,000 は tuhat です。2,000 からは、tuhat は tuhatta に変化します。

1,000　tuhat ／ 1,001　tuhatyksi ／ 2,000　kaksituhatta ／
9,999 yhdeksäntuhattayhdeksänsataayhdeksänkymmentäyhdeksän

10,000 以上の主な数字は以下の通りです。英語と同じで、3 桁ごとに単位が変わります。

10,000：kymmenentuhatta ／ 20,000：kaksikymmentätuhatta ／
100,000：satatuhatta ／ 200,000：kaksisataatuhatta ／
1,000,000：miljoona ／ 2,000,000：kaksimiljoonaa

日常生活で数字の綴りを書くことはほとんどありません。正しく読めるようになるには時間がかかるでしょう。でも、桁数の多い数字をさらりと読めたらかっこいいですよね！

8. 所有文

8章では、「～を持っている」という表現を学びましょう。何かを持っている（持っていない）ことを表す文を、所有文といいます。しかし、所有文では「持つ」を意味する動詞を使わないのです。

所有文：所有者（外部格「で」の形）＋ on ＋所有物

直訳すると、「○○（所有者）の上に××（所有物）がある」となります。面白いですね。

[所有文] ♪ 044

1人称単数	Minulla on kirja. 私は本を持っています。
2人称単数	Sinulla on kirja. あなたは本を持っています。
3人称単数	Hänellä on kirja. 彼／彼女は本を持っています。
1人称複数	Meillä on kirja. 私たちは本を持っています。
2人称複数	Teillä on kirja. あなたたちは本を持っています。
3人称複数	Heillä on kirja. 彼らは本を持っています。

外部格「で」の形は llA でしたね（6章を参照）。人称代名詞の外部格「で」の形も llA で終わりますが、不規則な形です。所有文で使う形として覚えてください。人名の主語にも llA がつきます。

例）Maija「マイヤ」（女性の名前）

⇒ Maija**lla** on kirja.「マイヤは本を持っています。」

動詞は olla「ある、いる」です。**どの主語でも常に３人称単数形を使います**。これは楽ですね。

疑問文とその答えは以下のように表します。

♪ 045

例）Onko sinulla kynä?　「あなたはペンを持っていますか？」

Joo. (On.) / Ei.　「はい。／いいえ。」

「持っている」以外にも、色々な表現ができます。

♪ 046

Minulla on koira.　「私は犬を飼っています。」

Minulla on isosisko.　「私には姉がいます。」

Minulla on nälkä.　「私はお腹が空いています。」

Minulla on jano.　「私はのどが渇いています。」

Minulla on päänsärky.　「私は頭が痛いです。」

Minulla on kiire.　「私は忙しいです。」

koira：犬 ／ isosisko：姉 ／ nälkä：空腹 ／ jano：のどの渇き
pääsärky：頭痛 ／ kiire：忙しさ

これで、「持っている」という表現はできるようになりましたね。では、「持っていない」はどのように表すのでしょうか。

「持っていない」を表す動詞も３人称単数形で、ei ole という形です。 ei が否定を表す単語です（他の動詞の否定形については、10 章で説明します）。

そして、所有物は 1、2・・・と数えられる名詞かそうでないかで、名詞の語尾が違うんです。以下にまとめますね。

数えられるものを持っていない時には A/tA/ttA がつく！

♪ 047

例）Minulla on koira.　　「私は犬を飼っています。」
⇒ Minulla ei ole koiraa.　　「私は犬を飼っていません。」

A / tA / ttA は 1 以外の数字がついた名詞にもつきましたね（7 章を参照）。この語尾には色々な使い方があるのでよく出てきます。

測る単位がないと数えられないものは、持っていても持っていなくても A / tA / ttA がつく！

例）Minulla on aikaa.　　「私には時間があります。」
⇒ Minulla ei ole aikaa.　　「私には時間がありません。」

aika「時間」、raha「お金」、kahvi「コーヒー」など、測る単位を決めないと数えられない名詞は、肯定文でもA / tA / ttAの語尾をつけます。

nälkä「空腹」、jano「のどの渇き」、kiire「忙しさ」、kuuma「暑い」、kylmä「寒い」は、否定文でも原形のままです。これらは慣用句のようなものだと思ってください。

例）Minulla on nälkä.　「私はお腹が空いています。」
　⇒ Minulla ei ole nälkä.　「私はお腹が空いていません。」

練習問題10　**以下の文をフィンランド語にしましょう。**

（1）私は辞書［sanakirja］を持っています。
（2）ニーロ［Niilo］は猫［kissa］を飼っています。
（3）あなたはハンカチ［nenäliina］を持っていますか？
（4）私たちはお金［raha］を持っていません。
（5）彼らはパソコン［tietokone］を持っていません。

話してみよう

♪ 048

Hanna: Onko sinulla sisaruksia?　「兄弟はいるの？」

Tommi: Joo, minulla on kaksi isosiskoa.　「うん、姉が２人いるよ。
Entä sinulla?　君は？」

Hanna: Minulla ei ole sisaruksia[1)].　「私には兄弟がいないの。」

[1] sisaruksia は sisarus「兄弟姉妹」の複数形で、疑問文でも否定文でも同じ形を使います。

以下の単語を使って、自分の兄弟の数を表現してみましょう。2人以上の場合は ( ) 内の語尾をつけて使ってください（* は大きく変化する単語です）。

兄弟・姉妹に関係する単語

*isoveli (isoveljeä)「兄」／ *pikkuveli (pikkuveljeä)「弟」
isosisko(a)「姉」／ pikkusisko(a)「妹」

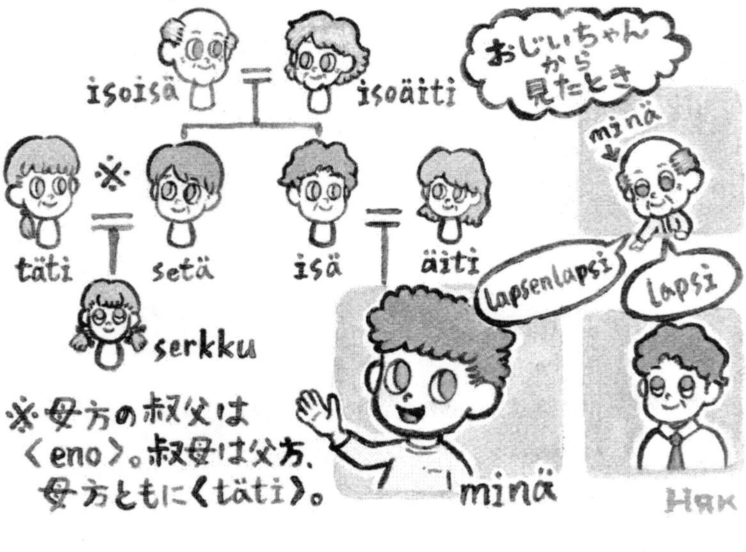

民族楽器『カンテレ』

カンテレ（kantele）は、弦を指ではじいて音を出す楽器です。日本の琴のような形で、大正琴に間違えられることもあります。

カンテレの歴史は 2000 年とも言われ、現存する最古のカンテレは 1698 年に作られたものです。

フィンランドの民族叙事詩『カレワラ』（Kalevala）には、老賢者 Väinämöinen が、大カマス（魚の一種）の骨と馬の毛で 5 弦カンテレを作った、という物語が綴られています。

カンテレの種類は弦の本数によって分かれており、5 弦から 39 弦まで様々です。フィンランドの小学校の中には、音楽の授業で 5 弦カンテレを使う学校もあるんですよ。

日本ではまだまだなじみのないカンテレですが、日本のアニメ映画でカンテレが登場したのをきっかけに、少しずつ認知度が高まっています。日本人のプロ奏者も数名います。日本でも時々コンサートが開かれていますので、ぜひ一度聴いてみてください。

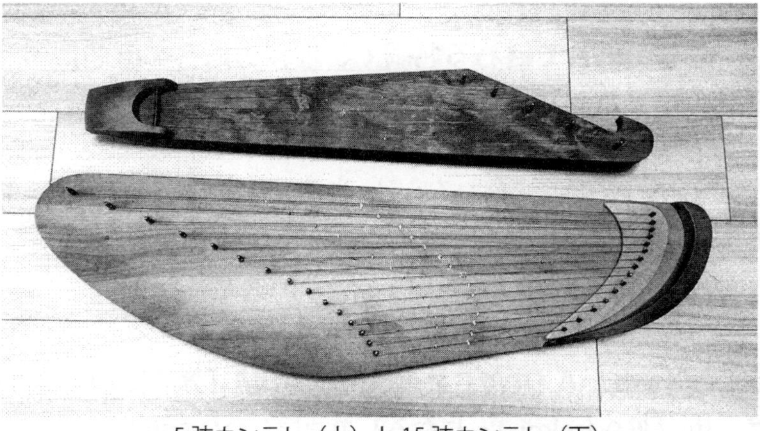

5 弦カンテレ（上）と 15 弦カンテレ（下）

9. KPT 交替

9 章では、フィンランド語に特徴的な、そしてとても大切な音の変化について学びましょう。

その前に、まずは以下の日本語の例を見てください。

例）本“ほん”＋棚“たな”⇒本棚“ほんだな”

つまり日本語では、単語と単語がくっついて新しい単語が作られると、音が変化することがあります。それに似たようなことが、フィンランド語でも起こります。名詞に「の」「で」「から」のような意味を持つ語尾がついた時、名詞の最後の子音が変化するのです。これを、**KPT 交替**あるいは**子音階程交替**といいます。

音の変化はややこしいですが、ここをクリアすればフィンランド語上達に大きく近づきます！ KPT 交替は動詞にも起こりますが、本書では名詞のみを取り上げます。

KPT 交替には、2 つの大原則があります。

1 つの母音で終わる名詞で、最後の母音の直前に k, p, t のいずれかがある場合に起こる！（外来語は除く）

つまり、2 つの母音で終わる名詞、あるいは 1 つの母音で終わっていてもその直前に k, p, t がなければ KPT 交替は起こりません。
k, p, t が関わる音変化なので、KPT 交替なのです。

n「の」、ssA「中で」、stA「中から」、llA「外で」、ltA「外から」、lle「外へ」、ksi「〜になる」の語尾がついた場合に起こる！

音変化をもたらす語尾が色々あって難しく感じると思いますが、日常でよく使う表現から覚えるのがコツです。このKPT交替のパターンを、アイドルグループのようにチーム分けしてみます。

チームK

- kk ⇒ k（1つ減る）
  例）ku**kk**a「花」⇒ ku**k**a<u>n</u>「花<u>の</u>」

- k ⇒ φ（消滅）
  例）ruo**k**a「食事」⇒ ruoa<u>n</u>「食事<u>の</u>」

- nk ⇒ ng（nとセットでgに変わる）
  例）kaupu**nk**i「都市」⇒ kaupu**ng**i<u>ssa</u>「都市<u>で</u>」
  （ngの発音は鼻にかかったガ行音）

原形にあった音が消滅するのは、1つのkがある場合だけです。

チームP

- pp ⇒ p（1つ減る）
  例）kau**pp**a「店」⇒ kau**p**a<u>sta</u>「店<u>から</u>」

- p ⇒ v
  例）lei**p**ä「パン」⇒ lei**v**ä<u>n</u>「パン<u>の</u>」

- mp ⇒ mm（mとセットでmに変わる）
  例）lä**mp**ö「温度」⇒ lä**mm**ö<u>n</u>「温度<u>の</u>」

pがvに変化するなんて不思議ですね。あともう1チーム、次のチームはちょっと数が増えます。

チームT

- tt ⇒ t（1つ減る）

  例）tyt**t**ö「少女」⇒ tytö<u>n</u>「少女<u>の</u>」

- t ⇒ d

  例）ka**t**u「通り」⇒ ka**d**u<u>lla</u>「通り<u>で</u>」

- lt ⇒ ll（l とセットで l に変わる）

  例）i**lt**a「夕方」⇒ i**ll**a<u>lla</u>「夕方<u>に</u>」

- nt ⇒ nn（n とセットで n に変わる）

  例）asu**nt**o「住宅」⇒ asu**nn**o<u>ssa</u>「住宅<u>で</u>」

- rt ⇒ rr（r とセットで r に変わる）

  例）ke**rt**a「回」⇒ ensi ke**rr**a<u>lla</u>「次回<u>に</u>」

頭が混乱してしまったでしょうか。日本語の“ほん**だ**な”の例もそうですが、ネイティブは無意識に変化形を作れます。しかし外国人にとっては難しいものなのです。根気よく練習していきましょう。

人名や地名にも KPT 交替が起こります。

例）Hei**kk**i「ヘイッキ」(男性の名前) ⇒ Hei**k**i<u>n</u>「ヘイッキ<u>の</u>」
　　Engla**nt**i「イギリス」⇒ Engla**nn**i<u>ssa</u>「イギリス<u>で</u>」

練習問題 11 訳と［　］内の原形を参考にして、空欄に適切な形を入れましょう。（網かけ部分がヒントです！）

（1）私は銀行に行ってきます。［pankki］

Käyn ＿＿＿＿＿＿＿ssa.

（2）これはあの少女の本です。［tyttö］

Tämä on tuon ＿＿＿＿＿＿＿n kirja.

（3）リンゴジュースは冷蔵庫の中にあります。［jääkaappi］

Omenamehu on ＿＿＿＿＿＿＿ssa.

（4）テーブルの上にリンゴがあります。［pöytä］

＿＿＿＿＿＿＿llä on omena.

（5）私はトゥルクからヘルシンキへ行きます。［Turku］

Menen ＿＿＿＿＿＿＿sta Helsinkiin.

（6）そのパンの名前は何ですか？［leipä］

Mikä sen ＿＿＿＿＿＿＿n nimi on?

（7）パイヴィは橋の上で歌っています。［silta］

Päivi laulaa ＿＿＿＿＿＿＿lla.

（8）彼はアイルランド出身です。［Irlanti］

Hän on kotoisin ＿＿＿＿＿＿＿sta.

（9）あのクシの値段は下がっています。［kampa］

Tuon ＿＿＿＿＿＿＿n hinta on laskenut.

(10) 私たちはヘルシンキに住んでいます。［Helsinki］

Asumme ______________ssä.

(11) 私は週に一度、図書館に行きます。［kerta］

Käyn kirjastossa ______________n viikossa.（viikossa ＝週に）

話してみよう

♪ 049

Tommi: Moi! Mihin menet? 「やあ！どこへ行くの？」

Hanna: Käyn kirjakaupassa. 「本屋へ行ってくるわ。
Mihin olet menossa? あなたはどこへ行くところ？」

Tommi: Käyn apteekissa. 「薬局へ行ってくるよ。」

＊＊＊＊＊＊

Hanna: Onko sinulla aikaa? 「時間ある？
Juodaanko kahvia ruoan jälkeen?
食事の後でコーヒーを飲まない？」

Tommi: Kiva! Juodaan! 「いいね！飲もう！」

kirjakaupassa (< kirjakauppa)：本屋へ ／ menossa：行く途中
apteekissa (< apteekki)：薬局へ
juodaanko：飲みませんか ／ ruoan (< ruoka)：食事の
jälkeen：後で ／ kiva：素敵な ／ juodaan：飲みましょう

変化形から原形を見破るには？

本書では、原形に語尾をつけて変化形にするための説明をしていますが、その逆、つまり変化形から原形に戻すというのはやっかいな作業です。

文章を読んでいてわからない単語が出てきても、その単語が既に何らかの形に変化している場合、辞書で原形を見つけるのが非常に難しいこともあります。学習者の方々から「わからない単語を調べられない！」という悩みを何度となく聞いてきました。

そんな人の救世主となるのが、Lingsoft という会社のホームページにある "FINTWOL"（http://www2.lingsoft.fi/cgi-bin/fintwol)。これは、単語解析ソフトのデモ版です。"Sana:" とあるところに調べたい単語（変化形）を入力し、"Jäsennä" をクリックすると、その単語の原形が表示されます。

名詞なのか動詞なのか、どういう語尾がついているのかという情報は、専門用語の略記号で表示されているので難しいです。しかし、少なくとも『この単語、元はどういう単語だったの？』という疑問には答えてくれますよ。ただしデモ版ということで、1日100回までしか検索できません。そして、同音異義語がある場合は複数の候補が出てきますのでご注意を。

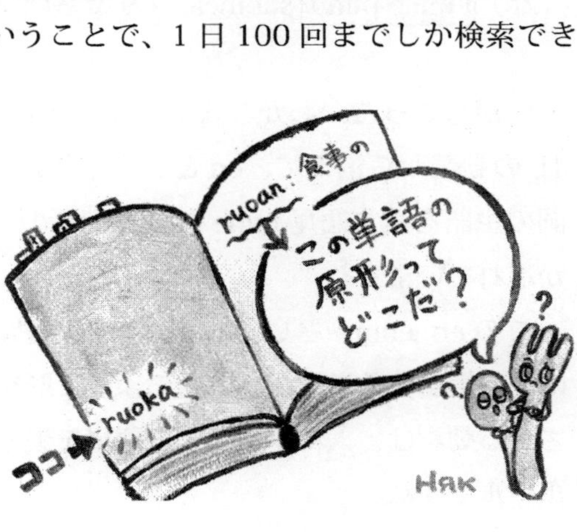

10. 否定文

いよいよ最終章です。「～ない」という否定の表現を学びましょう。8章の所有文の説明で、ちょっとだけ否定文が出てきましたね。

例）Minulla **ei ole** koiraa.　「私は犬を飼っていません。」

所有文の場合、どんな主語でも否定形は ei ole です。しかし、5章で出てきたような動詞を否定する場合は以下のようになります。1a と 1b、2a と 2b をよく見比べてください。

♪ 050

1a）Puhun suomea.　「私はフィンランド語を話します。」

1b）En puhu suomea.　「私はフィンランド語を話しません。」

2a）Puhumme suomea.　「私たちはフィンランド語を話します。」

2b）Emme puhu suomea.　「私たちはフィンランド語を話しません。」

何が起こったかわかりましたか？ 1a の動詞の主語を表す語尾 n が、1b の動詞から消えて、en という単語が現れました。さらに、2a の動詞の主語を表す語尾 mme も 2b の動詞から消えて、emme という単語が現れていますね。

この en, emme という単語は、**否定動詞**といいます。何と、**英語の not に相当する単語が、主語によって形を変える**のです。一方で、否定される動詞は、人称や数による語尾を失った形で統一されます。面白いルールですね。

[否定動詞]

♪ 051

人称＼数	単　数	複　数
1人称	en	emme
2人称	et	ette
3人称	ei	eivät

[動詞 puhua「話す」の否定形]

♪ 052

人称＼数	単　数	複　数
1人称	(minä) **en** puhu 私は話さない	(me) **emme** puhu 私たちは話さない
2人称	(sinä) **et** puhu あなたは話さない	(te) **ette** puhu あなたたちは話さない
3人称	hän **ei** puhu 彼／彼女は話さない	he **eivät** puhu 彼らは話さない

先ほど説明したように、否定動詞は主語によって形が変わります。「話す」、「食べる」などの否定される動詞は、どの動詞のタイプでも**1人称単数形から n を削った形**です。どんな主語でも同じ。否定動詞だけ変化させればいいと思えば、少し気が楽になりませんか？

4章で、「いいえ」の返事は Ei. とありましたが、ネイティブは否定動詞の主語に応じた変化形で返事をすることが多いです。

例）Asutko Tokiossa?　　「あなたは東京に住んでいますか？」

— **En**.　　「いいえ。」

練習問題 12　下線部の動詞を否定形にして文を書き換えましょう。

(1) <u>Asumme</u> Tokiossa.　「私たちは東京に住んでいます。」

（2）Katson televisiota.　「私はテレビを見ます。」

（3）Laura puhuu englantia.　「ラウラは英語を話します。」

（4）He syövät riisiä.　「彼らはお米を食べます。」

（5）Sanni käy ravintolassa.　「サンニはレストランに行ってきます。」

（6）Opiskelette suomea.　「あなたたちはフィンランド語を勉強しているんですね。」

（7）Menemme ostoksille.　「私たちは買い物に行きます。」

（8）Olen suomalainen.　「私はフィンランド人です。」

（9）He nousevat bussiin.　「彼らはバスに乗ります。」

（10）Haluan kahvia.　「私はコーヒーが欲しいです。」

（11）Pelaat tennistä.　「あなたはテニスをするんですね。」

（12）Tarvitsemme aikaa.　「私たちには時間が必要です。」

話してみよう

♪ 053

Tommi: Syötkö salmiakkia? 「サルミアッキ食べる？」

Hanna: Ei kiitos. En pidä siitä. 「いらない。好きじゃないの。」

＊＊＊＊＊＊

Hanna: Käyn ravintolassa. Tuletko mukaan? 「レストランに行ってくる。あなたも一緒に来る？」

Tommi: En. Minulla ei ole nälkä. 「ううん。お腹が空いてないよ。」

salmiakkia (< salmiakki)：サルミアッキを

pidä (< pitää)：好む ／ siitä (< se)：それについて

mukaan：一緒に

世界一まずいお菓子？

サルミアッキ（salmiakki）を知っていますか。

甘草（カンゾウ）という薬草と塩化アンモニウムを材料とする黒色のソフトキャンディーです。『世界一まずいお菓子』として有名になりつつあります。フィンランド人は子供の頃から食べていて、みんな大好き。メーカーによって味が少しずつ違いますが、非常に独特な味で、日本人の間では賛否両論あります。サルミアッキ大好き！という人もいれば、どうしても受け付けない人も。

勇気のある人は、ぜひ試してみてください！

おわりに

『世界一難しい』フィンランド語を勉強してみた感想はいかがですか。思ったより簡単でしたか？　それとも、やはり難しくて戸惑ってしまいましたか？

いずれにしても、フィンランド語とはどんな言語なのか、ということをお伝えできて嬉しいです。もしフィンランドへ旅行することがあれば、本書で学んだことを少しでも使ってみてください。フィンランド人はシャイで不愛想に見えるかも知れませんが、親切ないい人たちばかりです。あいさつをちょっとしただけでも、きっと喜んでくれるでしょう。

冒頭にも書きましたように、本書は『フィンランド語の門を叩いてちょっとのぞいてみた』くらいのレベルです。今後も勉強を続けていきたいという方のために、日本語で書かれた参考書と辞書をいくつか紹介しておきます。カルチャースクールなどでレッスンを受けることもできます。どんな形であれ、楽しく学んでいただきたいと思います。

本書の執筆・出版にあたり、多くの方にお力添えをいただきました。まずは、本の執筆をいろはから教えてくださった、㈲ビネバル出版の山中典夫社長に心より感謝を申し上げます。

そして、麗澤大学の千葉庄寿先生、マリ語研究者で大学の先輩でもある田中孝史さんには、原稿を丁寧にお読みいただき、的確なご意見を賜りました。本当にありがとうございます。リスト・トゥオミネンさんと黒澤シニッカさんは、例文のネイティブチェックおよび録音を快く引き受けてくださいました。ご協力に感謝いたします。

さらに、内容に即した可愛らしいイラストを描いてくれた、幼なじみのHiяoкo（ヒロコ）さんにも御礼を申し上げます。皆様のご協力なしに、本書が日の目を見ることはありませんでした。

最後になりましたが、読者の皆様にも感謝の言葉を申し上げます。お読みいただきありがとうございました。Paljon kiitoksia!

[主な参考書・辞書]

≪参考書≫

佐久間淳一 (2004)『フィンランド語のすすめ　初級編』（研究社）

佐久間淳一 (2004)『フィンランド語のすすめ　中級編』（研究社）

千葉庄寿 (2007)『ゼロから話せるフィンランド語』（三修社）

山川亜古 (2018)『ニューエクスプレスプラス　フィンランド語』（白水社）

吉田欣吾 (2010)『フィンランド語文法ハンドブック』（白水社）

吉田欣吾 (2013)『フィンランド語トレーニングブック』（白水社）

≪辞書≫

荻島崇 (1983)『フィンランド語基礎 1500 語』（大学書林）

荻島崇 (2000)『フィンランド語日本語小辞典』（大学書林）

荻島崇 (2008)『日本語フィンランド語小辞典』（大学書林）

本多雄伸 (2011)『フィン・日ポケット辞典』（ウルポ：ネットでの販売のみ）

練習問題解答

[練習問題 1]

(1) あなたはフィンランド人ですか？

(2) ハナコは横浜出身ですか？

(3) Oletko (sinä) japanilainen?

(4) Onko hän kotoisin Tokiosta?

[練習問題 2]

(1) ①　(2) ④　(3) ②　(4) ④　(5) ③　(6) ②

(7) ①　(8) ②　(9) ⑤　(10) ③

[練習問題 3]

(1) Puhun suomea. (Minä puhun suomea.)
Puhutko suomea? (Puhutko sinä suomea?)
Hän puhuu suomea.

(2) Katson televisiota. (Minä katson televisiota.)
Katsotko televisiota? (Katsotko sinä televisiota?)
Hän katsoo televisiota.

(3) Ostan maitoa. (Minä ostan maitoa.)
Ostatko maitoa? (Ostatko sinä maitoa?)
Hän ostaa maitoa.

(4) Kysyn Sannalta. (Minä kysyn Sannalta.)
Kysytkö Sannalta? (Kysytkö sinä Sannalta?)
Hän kysyy Sannalta.

（5）Matkustan Suomeen. (Minä matkustan Suomeen.)

Matkustatko Suomeen? (Matkustatko sinä Suomeen?)

Hän matkustaa Suomeen.

［練習問題 4］

（1）Juon teetä. (Minä juon teetä.)

Juotko teetä? (Juotko sinä teetä?)

Hän juo teetä.

（2）Syön leipää. (Minä syön leipää.)

Syötkö leipää? (Syötkö sinä leipää?)

Hän syö leipää.

（3）Voin auttaa. (Minä voin auttaa.)

Voitko auttaa? (Voitko sinä auttaa?)

Hän voi auttaa.

（4）Käyn postissa. (Minä käyn postissa.)

Käytkö postissa? (Käytkö sinä postissa?)

Hän käy postissa.

（5）Uin järvessä. (Minä uin järvessä.)

Uitko järvessä? (Uitko sinä järvessä?)

Hän ui järvessä.

［練習問題 5］

（1）Opiskelen suomea. (Minä opiskelen suomea.)

Opiskeletko suomea? (Opiskeletko sinä suomea?)

Hän opiskelee suomea.

（2）Menen ostoksille. (Minä menen ostoksille.)

Menetkö ostoksille? (Menetkö sinä ostoksille?)

Hän menee ostoksille.

(3) Nousen junaan. (Minä nousen junaan.)

Nousetko junaan? (Nousetko sinä junaan?)

Hän nousee junaan.

(4) Pääsen työstä. (Minä pääsen työstä.)

Pääsetkö työstä.? (Pääsetkö sinä työstä?)

Hän pääsee työstä.

(5) Kävelen puistossa. (Minä kävelen puistossa.)

Käveletkö puistossa? (Käveletkö sinä puistossa?)

Hän kävelee puistossa.

[練習問題 6]

(1) Pelaan tennistä. (Minä pelaan tennistä.)

Pelaatko tennistä? (Pelaatko sinä tennistä?)

Hän pelaa tennistä.

(2) Siivoan heti. (Minä siivoan heti.)

Siivoatko heti? (Siivoatko sinä heti?)

Hän siivoaa heti.

(3) Tilaan pihviä. (Minä tilaan pihviä.)

Tilaatko pihviä? (Tilaatko sinä pihviä?)

Hän tilaa pihviä.

(4) Herään aikaisin. (Minä herään aikaisin.)

Heräätkö aikaisin? (Heräätkö sinä aikaisin?)

Hän herää aikaisin.

(5) Osaan suomea. (Minä osaan suomea.)

Osaatko suomea? (Osaatko sinä suomea?)

Hän osaa suomea.

[練習問題 7]

（1）Tarvitsen apua. (Minä tarvitsen apua.)

Tarvitsetko apua? (Tarvitsetko sinä apua?)

Hän tarvitsee apua.

（2）Häiritsen muita. (Minä häiritsen muita.)

Häiritsetkö muita? (Häiritsetkö sinä muita?)

Hän häiritsee muita.

（3）Harkitsen tarkkaan. (Minä harkitsen tarkkaan.)

Harkitsetko tarkkaan? (Harkitsetko sinä tarkkaan?)

Hän harkitsee tarkkaan.

[練習問題 8]

（1）Saksassa　（2）Ruotsista　（3）Helsinkiin

（4）kauppatorilla　（5）asemalta　（6）pihalle

（7）kahvilasta kirjastoon　（8）postissa　（9）Venäjällä

（10）vanhassa ravintolassa

[練習問題 9]

（1）kolme tomaattia　（2）viisi avainta　（3）neljä kynää

（4）kaksi tietokonetta　（5）seitsemän puhelinta

（6）kymmenen paperia　（7）kaksi tietä　（8）kuusi maata

（9）kahdeksan kelloa　（10）yhdeksän kirjettä

[練習問題 10]

(1) Minulla on sanakirja.

(2) Niilolla on kissa.

(3) Onko sinulla nenäliina?

(4) Meillä ei ole rahaa.

(5) Heillä ei ole tietokonetta.

[練習問題 11]

(1) pankissa (2) tytön (3) jääkaapissa (4) pöydällä

(5) Turusta (6) leivän (7) sillalla (8) Irlannista

(9) kamman (10) Helsingissä (11) kerran

[練習問題 12]

(1) Emme asu Tokiossa. (Me emme asu Tokiossa.)

(2) En katso televisiota. (Minä en katso televisiota.)

(3) Laura ei puhu englantia.

(4) He eivät syö riisiä.

(5) Sanni ei käy ravintolassa.

(6) Ette opiskele suomea. (Te ette opiskele suomea.)

(7) Emme mene ostoksille. (Me emme mene ostoksille.)

(8) En ole suomalainen. (Minä en ole suomalainen.)

(9) He eivät nouse bussiin.

(10) En halua kahvia. (Minä en halua kahvia.)

(11) Et pelaa tennistä. (Sinä et pelaa tennistä.)

(12) Emme tarvitse aikaa. (Me emme tarvitse aikaa.)

【著者紹介】

石井晴奈（いしい　はるな）

東京都出身

＜学歴＞

2004 年　東京外国語大学フランス語専攻卒業

2006 年　東京外国語大学大学院博士前期課程修了（言語学修士）

2007 年〜 2008 年　フィンランド・トゥルク大学人文学部留学

2011 年　東京外国語大学大学院博士後期課程単位取得退学の後、博士号（学術）取得

現在、東京外国語大学非常勤講師（フィンランド語）、フェリス女学院大学非常勤講師（日本語）、東京医薬専門学校非常勤講師（言語学・音声学）、他都内の北欧語学教育施設でフィンランド語を教えている。

Moi からはじめよう　フィンランド語の手ほどき

初　版　2019 年 2 月 25 日発行
第 3 刷　2025 年 3 月 20 日発行

著　者：石井晴奈
発行人：山中典夫
発　行：（有）ビネバル出版
〒162-0813 東京都新宿区東五軒町2-11-201
電話 03-5261-8899　FAX 03-5261-0025
発　売：星雲社（共同出版社・流通責任出版社）
印刷・製本：（有）タチカワ印刷